AF459159

TRAITÉ

SUR LA

RÉNOVATION

AGRICOLE, INDUSTRIELLE ET COMMERCIALE

DE LA FRANCE

Par trois Citoyens français.

> Toutes les institutions sociales doivent avoir pour but l'amélioration du sort moral, intellectuel et physique de la classe la plus nombreuse et la plus pauvre.
>
> « Tout par le travail, tout pour le travail. »
>
> ISAAC PEREIRE. — *Politique financière*, 1879.

Prix : 1 fr. 50

D. CAZIEUX & Cie, éditeurs

Place d'Uzer et rue Larrey

à Bagnères-de-Bigorre (Hautes-Pyrénées)

AOUT 1885

TRAITÉ

SUR LA

Rénovation Agricole, Industrielle et Commerciale

DE LA FRANCE

RÉNOVATION

AGRICOLE, INDUSTRIELLE ET COMMERCIALE

DE LA FRANCE

Par trois Citoyens français

CONTENANT :

1° Le **Catéchisme de la Rénovation de la France.** Prix.. **0** fr. **10** c.

2° L'exposé historique des causes des souffrances et du marasme qui étreignent la France, avec l'indication des moyens de guérir un mal qui menace de tout engloutir : Brochure in-8°. Prix........ **1** fr. **50**

OU

Programme impératif à imposer aux candidats à la législature de 1885, par le peuple des villes et des campagnes.

Ce programme est le seul qui, selon l'expression de M. Brisson, puisse ramener l'accord entre toutes les forces véritablement républicaines et démocratiques.

Tout électeur soucieux d'assurer la sauvegarde des véritables intérêts de la propriété et du travail national, l'équitable répartition de l'impôt, le bien-être public, les réformes utiles et indispensables; la liberté compatible avec l'ordre et la paix; en un mot, qui voudra la *Rénovation de la France*, s'empressera de demander à connaître ce programme et d'en imposer l'adoption à nos futurs députés.

C., C. et C.

TRAITÉ

SUR LA

RÉNOVATION

AGRICOLE, INDUSTRIELLE ET COMMERCIALE

DE LA FRANCE

Par trois Citoyens français.

Toutes les institutions sociales doivent avoir pour but l'amélioration du sort moral, intellectuel et physique de la classe la plus nombreuse et la plus pauvre.

« Tout par le travail, tout pour le travail. »

ISAAC PEREIRE. — *Politique financière*, 1879.

Prix : 1 fr. 50

D. CAZIEUX & Cie, éditeurs

Place d'Uzer et rue Larrey

à Bagnères-de-Bigorre (Hautes-Pyrénées)

AOUT 1885

AVANT-PROPOS

Considérations générales.

> L'expérience de deux siècles a montré le mal sans trouver le moyen de le guérir.
>
> *(Note de l'auteur).*

En 1689, la France, attaquée par l'Europe entière, se regarde et voit qu'au bout de dix ans de paix elle est ruinée !...

Qui a fait cette ruine ? Deux choses qui arrivent au déclin des empires : le découragement général et les complications dans l'administration et les dépenses. Ajoutez-y l'amputation énorme qu'elle vient de faire sur elle-même (MICHELET, *Histoire de France*, vol. 16, p. 3).

Telle était la situation cent ans avant que la Révolution française, en rendant la Nation à elle-même, lui eût laissé le soin de régler ses nouvelles destinées et de rechercher les moyens de cicatriser la plaie immense qu'avaient ouverte les deux plus longs règnes qu'aient fournis les diverses dynasties de rois.

A l'avènement de Louis XV, la situation n'était pas plus florissante.

Louis XIV laissa pour héritage, à un enfant de cinq ans, un nom célèbre dans toute l'Europe, avec des dettes immenses ; le rare exemple de la fermeté dans la décadence de la Monarchie ; le danger des prêtres dans les Cours ; la preuve de l'inutilité des guerres ; des grands hommes dans presque toutes les parties, les lettres, les beaux-arts et la politique ; des calamités publiques inséparables des évènements naturels.

La Régence qui débuta avec tant de sagesse, qui peu à peu se démentit par des folies dont aucune nation n'avait donné l'exemple, a remédié faiblement à ce triste état de choses, et, après l'essai du fameux Law, le peuple français fut complètement ruiné.

Le gouvernement personnel de Louis XV débuta dans les factions turbulentes ; il fut orageux au commencement, brillant d'un grand éclat pendant vingt années, et finit dans les revers et dans la tristesse.

La France perdit sa marine et ses plus belles colonies des Indes orientales, ses possessions dans la mer des Antilles et le Canada, cette France nouvelle, qui ne comptait pas moins de trois millions de Français au moment où il lui fut enlevé par les Anglais !

La dépravation des mœurs était à son comble ; le Monarque avait donné le plus pernicieux exemple en donnant, tête baissée, dans la corruption, et en cédant au caprice de ses maîtresses, dont la plupart n'étaient que des femmes de bas étage et d'instincts crapuleux ; le trésor public était épuisé et le peuple gémissait sous la plus affreuse misère.

Ce fut dans cet état de tristesse et de consternation générales qu'advint le règne de Louis XVI, qu'on surnomma le Désiré, à cause de sa réputation d'austérité et d'économie parcimonieuse.

Louis XVI essaya de réparer le tort de ses prédécesseurs, et choisit de nouveaux ministres ; mais il était trop faible de caractère pour opérer une si importante réforme, dominé qu'il était par l'entourage de femmes qui exerçaient sur son esprit, un empire absolu ; et, d'ailleurs, le mal était tellement grand, qu'il avait rongé la Monarchie jusque dans ses fondements. Louis XV, en sacrifiant tout à ses intincts dépravés, en déshonorant et ruinant les familles, en tolérant les vengeances et les noires perfidies de ses hommes d'Etat, avait précipité l'heure de la rénovation des peuples.

Le pouvoir royal avait essayé, durant les deux derniers siècles, de tout faire, de tout régler selon son bon plaisir ; mais, en 1789, la situation était tellement grave et les besoins si impérieux, que l'on ne crut pas pouvoir en sortir sans le concours de la Nation. Les

Etats Généraux furent convoqués, et le 5 mai de cette mémorable année vit naître l'aurore de la Rénovation !

Nous ne rappellerons pas les actes de la Révolution ; ce n'est pas ici la place, et, d'ailleurs, nous ne sommes pas de taille à entreprendre une œuvre qu'ont traitée avec tant de talent, de génie et d'impartialité les hommes illustres, qui ont été les témoins de cette époque immortelle !... Nous nous bornerons à rappeler ce que l'on fit pour soulager le peuple, en rendant la liberté au travail, en proclamant la liberté de concurrence, en proclamant l'égalité devant la loi et devant l'impôt.

Les cahiers qui, en 1789, servirent à l'élection des députés aux Etats Généraux, portaient, tant dans le Tiers-Etat que dans le Clergé et la Noblesse, cette clause du mandat impératif !

L'égalité devant l'impôt.

L'Assemblée Nationale décréta cette égalité devant l'impôt, et, plus tard, comme voie d'exécution, la formation du cadastre fut résolue.

L'Assemblée Nationale ne s'arrêta pas à l'égalité devant l'impôt ; elle supprima les privilèges, abolit les jurandes, les maîtrises et tout ce qui pouvait porter atteinte à l'égalité des citoyens devant la loi, à la liberté du travail, et, comme conséquence, à la liberté de concurrence. Elle crut pourtant utile de conserver et maintenir le privilège de certains offices, et cela pour le malheur de la propriété, ainsi que nous le démontrerons ultérieurement.

Les principes de la liberté du travail à tous les degrés furent posés ; c'était une grande œuvre, un grand progrès accomplis, mais il manquait au principe, les moyens pratiques d'exécution, pour en tirer parti au profit de tous. D'abord, livré à l'initiative privée, chacun s'ingénia pour faire rapporter le plus possible au labeur ; mais l'isolement des ouvriers les rendit impuissants, et l'on songea au groupement et des capitaux et des travailleurs. De là, la création des sociétés financières, industrielles et commerciales, qui purent entreprendre et exécuter des travaux importants, ce que ne pouvaient faire les ouvriers isolément.

Il faut convenir que ces associations donnèrent une grande impulsion aux travaux de l'industrie, qu'elles accrurent considérablement les transactions commerciales et augmentèrent ainsi le bien-être général; mais il faut aussi reconnaître qu'agissant en dehors de l'universalité de la nation et par unités complexes, ces associations n'ont pas produit tout l'effet qu'on était en droit d'attendre des principes posés par la Révolution, et qu'il reste aujourd'hui, après un siècle d'expériences, beaucoup à faire pour que le rendement du travail et de l'industrie nationaux soit ce qu'il peut et doit être.

C'est en vue d'atteindre ce résultat désirable pour tous que nous essayons aujourd'hui, de mettre en relief les observations que nous faisons journellement depuis de longues années et qui ont servi de base à un projet d'organisation nouvelle, protectrice de l'agriculture, du commerce et de l'industrie, organisation qui, selon nous, doit faire de la France la première nation du monde!

L'expérience de deux siècles a constaté le mal sans trouver le remède pour le guérir! C'est ce remède que nous avons trouvé et que nous voudrions, sans retard, voir administrer à la France par nos docteurs en politique; certain que nous sommes de son efficacité pour donner au pays cette force nouvelle qui permettra de vaincre son atonie actuelle et d'arriver à son entière *Rénovation.*

PREMIÈRE PARTIE

CHAPITRE PREMIER

L'inutilité des guerres est démontrée par l'expérience des siècles ; elles ne sont bonnes qu'à détruire ce que le travail a produit durant la paix.

A la fin du XVIIe siècle, l'histoire nous montre le pays ruiné et accablé de dettes par suite des guerres soutenues avec tant de gloire, par Louis XIV.

A l'avènement de Louis XVI, on sait que les guerres soutenues par Louis XV avaient fait perdre à la France sa marine, ses riches colonies et que le peuple gémissait sous le joug de la plus affreuse misère !...

Nous savons aussi, et la chose n'est que malheureusement trop vraie, que les guerres de la première République, du premier-Empire, de la Restauration, de la Monarchie de Juillet et du second Empire nous ont fait supporter des pertes immenses en hommes, en argent, et qu'elles ont causé aussi la perte de deux de nos plus belles provinces.

Nous demeurons convaincus que c'est à la guerre seule

qu'est due l'immense dette de près de *20 milliards* qui écrase sous son poids énorme et les contribuables et le Trésor public, et qui sont cause du malaise général qui pèse et qui a pesé sur la classe ouvrière, sur le commerce, sur l'industrie et sur l'agriculture.

On s'est beaucoup préoccupé, surtout durant les vingt-cinq dernières années, des questions d'économie sociale, parmi lesquelles les questions agricoles ont eu une large part ; mais, les moyens d'amélioration proposés, presque tous empiriques, n'ont produit jusqu'ici que de faibles résultats impuissants à faire sortir le Commerce, l'Industrie et l'Agriculture du marasme qui les étreint.

Le haut commerce, les grandes industries, la grande propriété ont vu se créer des institutions corélatives qui les ont secondées, et on peut dire qu'en ce qui les concerne il a été fait ce qu'il fallait ou à peu près.

Comme institution financière, la Banque de France, avec le privilège d'émettre un papier fiduciaire, ayant cours forcé, ou du moins étant généralement accepté comme tel, répondant aux besoins de la grande propriété, de la grande industrie et du haut commerce, a longtemps exploité, sans concurrence, le grand marché financier de la France.

Les choses sont demeurées en cet état jusqu'aux premières années du second Empire, époque à laquelle la propriété foncière a vu la création de la première institution de crédit qui lui ait fourni les moyens d'emprunt à des conditions aussi onéreuses que le prêt hypothécaire conventionnel, mais présentant l'avantage de l'extinction à long terme et par annuités réglées à l'avance. Ce système est une sorte d'aliénation à titre de réméré, dont l'échéance est reculée à la volonté de l'emprunteur, jusqu'à trois quarts de siècle. Les prêts faits par le Crédit Foncier ont cet avantage pour les actionnaires : qu'en prêtant par première hypothèque, ils deviennent les vrais propriétaires du sol et qu'ils en tirent un revenu assuré que l'emprunteur lui fait produire. Et comme l'annuité est toujours supérieure au rendement de la propriété (du moins jusqu'ici), celle-ci n'a pas dans cette institution, le secours qu'elle devait y avoir, et toutes les fois qu'elle a recours à l'emprunt auprès d'elle, elle tombe dans la même situation qu'avec l'emprunt hypothécaire chez les particuliers et elle court à la ruine, à l'expropriation, d'une façon plus lente, il est vrai, mais non moins certaine !

Les départements, les communes, les établissements d'utilité publique, enfin toutes les communautés de citoyens agissant *ut singuli* et comme personnes civiles, profitèrent les premiers de cette création ; ils ont pu, grâce à ses combinaisons, rembourser les emprunts à courte échéance, dont les annuités grevaient les budgets et absorbaient les ressources annuelles ; ils ont pu exécuter des travaux dont les dépenses sont soldées par des annuités d'autant plus réduites que leur durée est plus longue et l'on a vu ainsi, se transformer rapidement un grand nombre de villes, qui, sans les emprunts à long terme, fussent demeurées dans leur sombre *statu quo*.

Quelques-uns même ont trouvé, dans ces combinaisons nouvelles, le moyen d'augmenter le revenu communal, par l'exécution de travaux productifs et se sont créé d'assez importantes ressources.

Mais, aussi, le plus grand nombre ont aliéné l'avenir au profit du présent.

C'est là un système fâcheux qui profite seul à l'établissement prêteur.

Quelques propriétaires, et surtout les propriétaires d'immeubles urbains, profitèrent des emprunts à long terme; mais la masse des petits agriculteurs resta longtemps sans oser faire des demandes au Crédit Foncier, qui, d'ailleurs les dédaignait, et il a fallu que la concurrence vint forcer, ici comme ailleurs, ce puissant établissement de crédit financier à abaisser le taux de ses annuités et à ouvrir ses guichets à la petite propriété.

Toutefois, les conditions des prêts sont entourés de tant de mesures de précaution, de tant de lenteurs, de tant de frais, que le plus grand nombre des emprunteurs préfèrent recourir à l'emprunt hypothécaire conventionnel dont la solution plus rapide, favorise mieux l'exécution de leurs projets ou leur donne le moyen de sortir d'une situation pressante.

Le commerce et l'industrie ont aussi leurs maisons de crédit; mais les exigences des banquiers sont tellement onéreuses, qu'au lieu d'être des auxiliaires pour eux, ils deviennent des causes de déconfiture et de ruine.

L'Etat est, de son côté, grevé d'une dette énorme (20 milliards!) dont il faut payer la rente. Les départements et les communes doivent aussi payer les annuités des emprunts contractés; aussi, depuis quinze ans, a-t-on été obligé de créer des emprunts nouveaux, des impôts et de frapper toutes les marchandises, tous les produits agricoles et industriels, de droits tellement élevés que toute concurrence leur est interdite sur les marchés étrangers !... et toutes ces augmentations, toutes ces surcharges, c'est le peuple qui les supporte.

Il faut reconnaître que, depuis quelques années, nos assemblées délibérantes, émues par la situation fâcheuse où se sont trouvés l'agriculture, le commerce, l'industrie et particulièrement les travailleurs, ont cherché à se rendre compte des causes du mal qui ronge la société entière, qui cause des conflits journaliers entre les ouvriers et les patrons, qui motivent les plaintes continuelles et malheureusement trop fondées des agriculteurs; que de sérieuses enquêtes ont été ordonnées et savamment conduites, que le mal a été reconnu et la misère profonde parmi la classe militante a été constatée!... Mais il faut aussi reconnaître, et cela avec une pénible conviction, qu'on n'a pas su trouver le moindre adoucissement à un mal aussi profond!... Ce n'est pas par des paroles, ni par des demi-mesures que l'on peut porter remède à un mal aussi grand, aussi profond et qui menace en se perpétuant de tout engloutir! Il faut autre chose et il le faut sans délai!... Il faut une réforme économique et financière radicale qui permette de dégrever le peuple des charges énormes qui pèsent sur lui; qui augmente les revenus de l'Etat pour lui permettre de réduire annuellement la dette publique consolidée et d'amener un nouvel état de choses qui, sans les déprécier pour le producteur, amène un abaissement important dans les prix des objets de première nécessité et dans les loyers des ouvriers.

Dans ce but, nous avons étudié un système capable de reproduire tous les effets sus-énoncés et dont l'application peut être immédiate et sans la moindre difficulté.

Nous donnons ci-après le programme de notre système qui seul peut produire la *Rénovation de l'Agriculture, du Commerce et de l'Industrie en France*, et nous adjurons les candidats à la future députation, soucieux du bien-être du peuple et de la prospérité de la République, de prendre connaissance de notre travail et de l'inscrire en première ligne dans leur programme, s'ils veulent avoir un plein succès aux élections prochaines, tant dans les villes que dans les campagnes ; car nous avons puisé nos inspirations dans les besoins de tous ; et lorsque nous avons parlé de la réforme que nous avons étudiée, notre manière de voir a été approuvée avec un enthousiasme voisin du chauvinisme.

Voici, d'ailleurs, notre programme :

1° Suppression des droits de consommation, de circulation, d'entrée et d'octroi sur les vins, alcools et autres boissons similaires et remplacement de ces taxes par une taxe dite de *consommation*, qui sera acquittée au lieu de la production ou à la douane, pour les vins étrangers, alcools ou autres boissons similaires qui seront introduites en France ou dans nos colonies (conséquence : suppression des octrois) ;

2° Substitution à l'impôt direct et foncier des portes et fenêtres, personnel et des patentes, d'une taxe proportionnelle sur le revenu.

3° Création d'un puissant établissement de Crédit public, prêtant à l'Agriculture, au Commerce et à l'Industrie à un taux d'intérêt qui ne soit pas usuraire, c'est-à-dire qui ne dépasse pas le revenu du sol et qui n'absorbe pas l'entier profit du travail industriel..

Les moyens de mettre ce programme en pratique sont discutés, en même temps que les résultats, dans trois chapitres qui suivent, ce que nous appelons notre avant-projet, et nous démontrons que loin d'être une utopie banale, notre projet est le seul, l'unique remède contre ce mal qui ronge la France depuis si longtemps et qui, étant arrivé à son point d'acuité extrême, menace de tout engloutir.

Pour arriver au fonctionnement immédiat de notre système, peu de chose doit être changé dans ce qui existe en ce moment ; mais, comme conséquence heureuse des modifications ultérieures deviendront nécessaires, et il se trouve justement que ces modifications porteront sur des points dont tous les partis inscrivent la suppression dans leur programme de liberté.

A la suite de la présente étude, nous nous proposons de discuter l'urgence de ces réformes, ce que nous eussions fait en même temps, si l'urgence de porter un prompt remède au mal dont nous souffrons ne nous eût pas forcé à limiter notre travail.

Les questions qui nous occupent sont d'une urgence reconnue ; et, certes, nous avons hésité pour savoir à quelle des trois nous donnerions la priorité ! Après avoir réfléchi, nous avons placé au premier rang la question des droits sur les vins et les boissons, parce qu'elle peut recevoir une solution instantanée et donner deux résultats importants et immédiats.

CHAPITRE II

I

Importance de la viticulture en France.

Nous n'entreprendrons pas de retracer l'histoire de la culture de la vigne. Nous aurions trop à dire depuis le patriarche Noé jusqu'à nos jours, qui, d'après la Bible, fut le premier, après le déluge, qui planta la vigne et qui fut le premier aussi à ressentir les effets de trop nombreuses libations ; depuis Brennus, qui, d'après la chronique bachique, rapporta un cep de vigne comme trophée de ses exploits contre Rome. Nous prendrons notre récit à notre époque ; car il nous suffira, pour établir la vérité, de nos calculs et de nos prévisions pour l'avenir.

La culture de la vigne a été de tout temps, en France, l'une des plus productives, et la supériorité du rendement de la propriété qui peut donner du vin, a attiré, avec le bien-être que ce produit procure, la constante attention des agriculteurs.

Le sol français est en général propice à la culture de la vigne ; et, à l'exception des départements du Nord, de la Somme, du Pas-de-Calais, de la Seine-Inférieure, de l'Orne, du Calvados, des Côtes-du-Nord et des parties alpestres qui ne produisent pas ou presque pas de vin, partout cet arbuste divin, comme l'appelaient les auteurs anciens, est l'objet de la plus haute sollicitude.

Avant l'apparition de l'oïdium, c'est-à-dire dans la première partie du XIXe siècle, le produit annuel du vin, en France, s'élevait à 70,000,000 d'hectolitres. Après les années désastreuses de 1851, 1852 et 1853, durant lesquelles la maladie a sévi avec une violence extrême, la moyenne du rendement fut considérablement diminuée, et la période décennale, de 1850 à 1860, la vît réduire à moins de 48,000,000 d'hectolitres.

A partir de ce moment, le prix du vin atteignit un taux fabuleux, et la disette du produit aitant rendit l'usage de cet aliment réconfortant, inaccessible durant quelques années.

On rechercha les moyens propres à combattre l'oïdium, et l'emploi du soufrage nous conserva les raisins qui naissaient sur les souches. Les prix diminuèrent sensiblement, se maintenant, toutefois, à un taux richement rémunérateur, et l'ouvrier put boire de nouveau du vin.

Un nouvel ennemi de la vigne s'est manifesté, terrible, attaquant les cépages depuis la racine jusqu'aux branches, lui enlevant la sève nutritive pour s'en alimenter lui-même et entraînant la mort des souches dans un bref délai. Le phylloxéra a détruit en quelques années des vignobles entiers, sans qu'on ait pu, jusqu'ici, trouver le moyen d'arrêter sa marche dévastatrice. Des régions entières ont vu disparaître leurs vignes; les points attaqués ont vu le fléau s'étendre dans de larges rayons, tout comme une tache d'huile qui s'étend jusqu'aux extrémités de la feuille de papier où elle est faite.

De tous les côtés, les moyens préventifs et curatifs de

cette maladie ont été recherchés ; les savants et les agriculteurs se sont réunis en congrès, dans lesquels on a invoqué les lumières de tous, et l'on s'est mis à l'œuvre pour rechercher et expérimenter les procédés les plus efficaces ou du moins préconisés comme tels ; mais nous avons le regret de voir que, si quelques indications ont été données, aucune n'a réussi, et qu'on a dû planter de nouvelles vignes pour remplacer celles que le phylloxéra a détruites.

Malgré les épreuves que traverse la viticulture, le rendement moyen durant les dix dernières années a été de 50,000,000 d'hectolitres et les prix de vente, au chai, ont été entre 25 et 40 francs l'hectolitre pour les vins ordinaires.

Il est permis d'espérer que la science, après les nombreux essais qui se font, parviendra à conjurer le mal, et que l'Algérie produira très prochainement, du vin pour combler le déficit occasionné dans la métropole par le phylloxéra. Déjà en 1882, 1883 et 1884, la récolte de notre colonie a été d'une importance telle qu'elle a compensé en partie, le défaut de quantité signalé en France.

Malgré cette assurance pour l'avenir, nous prendrons pour base de nos calculs le rendement moyen d'une récolte à 50,000,000 d'hectolitres.

Le recouvrement de l'impôt sur les vins et sur les boissons est soumis, en France, à des formalités telles qu'il est fort difficile d'en posséder tous les détails, et l'application présente les plus désagréables inconvénients, tant pour ceux qui sont chargés de la perception, que pour les contribuables.

Chacun sait combien de plaintes et de récriminations ont soulevé ce que l'on appelle l'exercice des *droits réunis* chez les débitants, et, de plus, combien il est difficile de saisir les fraudeurs; toutes ces difficultés viennent de ce que la législation de 1816, sur la perception des droits de circulation, de consommation et d'entrée des vins dans les villes, est basée sur des considérations d'inégalité, et qu'elle n'a réellement voulu atteindre que les vins consommés au cabaret; cette législation, qui appartient aux premières années de la Restauration, est empreinte des idées rétrogrades du temps où elle a été établie, et repose sur un privilège en faveur des riches.

C'est pour ces raisons que le droit de consommation sur les vins a été l'objet de la réprobation générale, et que le peuple, sans se rendre compte des motifs de cette réprobation, en a demandé la suppression.

Mais nous savons aussi que si l'on n'a pas accordé au peuple cette suppression, c'est que l'état de nos finances ne l'a jamais permis; qu'au contraire, lorsque les besoins sont venus plus pressants, on n'a trouvé rien de mieux que d'augmenter les taxes de consommation et d'entrée sur les vins et sur les alcools.

Les villes elles-mêmes ont-elles besoin d'obtenir de plus importants revenus, elles s'adressent aux tarifs de l'octroi qu'elles surélèvent en les révisant et la surélévation est toujours appliquée aux vins et aux autres boissons dans des proportions considérables.

Il est vrai que dans les villes et communes à octroi les taxes sont acquittées par tous les habitants domiciliés dans le rayon de l'octroi, tandis que les droits de consommation ne sont payés que par les débitants, ce qui fait que les ouvriers et la classe pauvre qui ne peuvent pas s'approvisionner par grandes quantités supportent seuls ces droits.

Il a été pourtant fait un pas vers notre système par le gouvernement de la République qui, dans les villes dont la population dépasse 20,000 habitants, a établi la taxe unique de consommation que tout le monde acquitte. C'est là un acheminement vers l'égalité devant l'impôt, en ce qui concerne les vins et les alcools ; mais ce n'est qu'une demi mesure qui a laissé subsister tous les inconvénients de l'inique loi de la Restauration. Il y a pourtant un moyen bien simple, tout naturel, d'arriver à la juste répartition de cet impôt de consommation, et ce moyen est employé d'une façon générale pour la perception de toutes les taxes indirectes, c'est de le faire percevoir au lieu de la production ou de la fabrication, comme on le fait pour les bières, le sucre, le sel, les cartes à jouer, les tabacs, etc...

Qu'on occupe les employés, non à la surveillance et à la perception des droits à domicile, mais adresser les rôles après chaque récolte, ou les sommiers chez les fabricants ; que le propriétaire, le fabricant de boissons alcooliques payent les droits par douzièmes aux caisses des percepteurs tout comme les autres impôts ; qu'il soit laissé une liberté entière au commerce des vins et des liqueurs alcooliques comme pour toutes les autres denrées alimentaires, et l'on aura appliqué le principe de la liberté commerciale en même temps que l'on sera rentré dans la légalité et la justice par l'égalité devant l'impôt.

De cette façon, il n'y aura plus à craindre que le Trésor soit fraudé dans ses droits, et tout le monde, même les étrangers, paieront le droit de consommation. Nous demandons encore, et ceci en toute justice, que les vins et autres boissons soint partagés en catégories et que les taxes de consommation soient établies en raison de la catégorie, en appliquant les plus élevées aux meilleures qualités, de façon à pouvoir dégrever les boissons consommées par les ouvriers.

Voici ce que nous proposons :

I. — Les droits d'enlèvement, de circulation, de consommation et d'entrée dans les villes sont supprimés, en ce qui concerne les vins, les alcools et les liqueurs ;

II. — Une taxe unique est établie. Cette taxe dite de consommation sera payée par chaque propriétaire récoltant, et par tous les fabricants de boissons, de liqueurs, d'alcools, toutes les quantités récoltées ou fabriquées, à l'intérieur, et à la douane, par les introducteurs de ces vins, liqueurs, boissons et alcools, venus de l'étranger ;

III. — Il est établi cinq catégories de vins, alcools, liqueurs et boissons fermentées, savoir :

1re Catégorie. — Les grands vins extra ; Champagne, vins titrés et eaux-de-vie dite Fine Champagne ; liqueur de la Grande Chartreuse.

2e Catégorie. — Vins classés de Bordeaux, Bourgogne, Provence et Rancios du Roussillon ; liqueurs fines et eaux-de-vie des Charentes, d'Armagnac et du Languedoc ; les Birrh et autres vins préparés, l'absinthe, les rhums et tafias.

3e Catégorie. — Vins bourgeois, et tous vins ayant une force alcoolique de 13° et au-dessus. — Les liqueurs ordinaires, les Wermouth, les sirops de toute sorte contenant ou non de l'alcool ; les eaux-de-vie ordinaires jusqu'à 48° centésimaux ; les liqueurs et autres boissons dites stomachiques, apéritives, etc... fabriquées avec ou sans alcool.

4e Catégorie. — Les vins ayant moins de 13° d'alcool, les bières, les limonades.

5e Catégorie. — Les tisanes vineuses faites avec le raisin sec ou toute autre substance imitant la couleur et le goût des vins ; les petites bières, le cidre, le poiré et l'hydromel.

IV. — Il sera perçu les taxes ci-après pour chacune des cinq catégories qui viennent d'être formées :

1re catégorie :		200f par	hectolitre.
2e	—	150	—
3e	—	50	—
4e	—	5	—
5e	—	3	—

Ces mêmes taxes, augmentées d'un dixième, seront exigées à la douane pour tous les vins, liqueurs et boissons similaires venus de l'étranger.

Appliquant les dispositions qui précèdent à l'état actuel, et prenant pour base des droits à percevoir les chiffres déjà établis, de 50,000,000 d'hectolitres, on obtient les résultats suivants :

1°	2,000,000	d'hectolitres	de la 1re	catégorie,	à 200 fr. =	400,000,000f
2°	4,000,000	—	de la 2e	—	à 150 fr. =	600,000,000
3°	10,000,000	—	de la 3e	—	à 50 fr. =	500,000,000
4°	24,000,000	—	de la 4e	—	à 5 fr. =	120,000,000
5°	10,000,000	—	de la 5e	—	à 3 fr. =	30,000,000
	Plus-value d'un dixième perçu à la douane. .					165,000,000
	Total général du produit. . .					1,815,000,000f

II

Observations sur les objections qui pourront être faites sur la première partie.

L'adoption du système que nous venons d'exposer aurait pour résultat immédiat de faire supporter par tous l'impôt de consommation sur les vins, ce qui est juste, et ce qui est plus juste encore, d'en faire supporter la plus grosse part aux étrangers qui boivent nos meilleurs vins sans rien payer de ces droits qui pèsent si lourdement sur la classe ouvrière, en France ; de diminuer considérablement les droits sur les vins consommés par les classes des travailleurs, d'augmenter les revenus de l'Etat de façon à lui fournir le moyen d'alléger considérablement les taxes d'octroi et même de les supprimer totalement.

On nous objectera, peut-être, que ce système sera une entrave à l'écoulement de nos produits à l'étranger, que les propriétaires de vignobles éprouveront des difficultés pour la vente de leurs vins, dont ils devront forcément augmenter les prix dans la proportion des taxes de consommation, et que......, etc.

Nous avions prévu toutes ces objections et nous y répondrons d'avance ; car elles ne sont pas sérieuses.

En ce qui concerne les 34 millions d'hectolitres de vins et boissons des 4e et 5e catégories, notre système en baisse le prix par le fait de la transformation du droit de consommation en taxe de consommation acquittée aux lieux de production. Ces vins supportent, aujourd'hui, chez le débitant, un droit qui égale encore 12 1/2 °/o du prix de vente, ce qui constitue un droit d'environ 7 fr. par hectolitre, la valeur du vin au détail étant de 0,50 le litre, tandis que notre système réduit ce droit à 5 fr. et 3 fr.

Le débitant consentira facilement à payer 5 fr. de plus par hectolitre au propriétaire alors qu'il saura qu'il n'a plus rien à payer, ni licence, ni droit de circulation, ni droit de consommation ; et dans les villes à octroi, ni droits d'entrée.

Il paiera d'autant plus facilement cette légère augmentation, qu'il sera assuré de gagner 10 c. par litre tout en réduisant son prix de vente. S'il paie 30 c. au lieu de 25 c. l'hectolitre de vin, il pourra avoir un bénéfice certain en détaillant à 0,40 c., tandis que, par le système actuel, il est obligé de vendre à 0,50 le litre en détail ce même vin, et il n'est pas certain de bénéficier à ce prix.

Quant à l'étranger, ce n'est pas le prix qui l'empêchera de boire du vin de France; les fluctuations sont rares sur les grands vins, et ce n'est pas 150 fr. de plus ou de moins sur un hectolitre de vin dont le prix peut varier entre 1,500 et 2,000 fr., qui sera un obstacle à la vente.

Si l'étranger trouvait ailleurs que chez nous les Champagnes, les Bordeaux, les Bourgogne supérieurs, nous aurions raison de craindre des difficultés d'écoulement de nos produits; mais pour nous servir (qu'on veuille bien nous le permettre) d'une expression employée par nos vieux soldats de la République et de l'Empire, expression que nous avons entendue il y a déjà près de 50 ans, hélas! en buvant un canon à deux dans un cabaret de Toulouse : « Ce qui nous console, c'est que les Anglais n'en ont pas là-bas. »

Eh bien, non ! les étrangers n'ont point du Champagne, du Bordeaux, du Bourgogne, et ils sont forcément nos tributaires. N'est-il pas temps, enfin, de tirer parti de nos avantages; et croyez-vous que les Italiens, par exemple, ne vendent pas leurs pâtes parce qu'ils ont établi un impôt sur la mouture; évidemment, non, vous ne le croyez pas. Eh bien, nos viticulteurs français vendront tout aussi bien leurs vins supérieurs de cru ou bourgeois, après qu'ils auront acquitté la taxe de consommation qu'avant.

On a pu remarquer, d'ailleurs, d'une façon générale, que

plus les vins sont chers, plus ils sont recherchés par le commerce. De ce côté, comme pour les premiers, l'objection n'est point sérieuse.

CHAPITRE III

Taxe proportionnelle sur le revenu.

L'égalité devant l'impôt comme l'égalité politique et civile des citoyens est une des plus importantes conquêtes de la Révolution.

Lorsqu'on voulut établir la base de la répartition équitable des charges de l'Etat, des communes et des départements, on procéda à la formation du cadastre qui n'est autre chose que l'état de la propriété immobilière, avec une sorte d'estimation du revenu de chaque parcelle de cette propriété ; et c'est ce revenu, connu sous la dénomination de *revenu cadastral*, qui sert de base à la répartition de l'impôt. Juste au début, ce système qui remplaça la Dîme, s'est faussé dès le premier jour par suite des changements portés dans la culture des terres dans les bâtiments et même par des circonstances fortuites.

Ces modifications sont tellement nombreuses et multipliées qu'à peine avait-on fini le long travail du cadastre, qu'on proposait de le recommencer.

La contribution personnelle est contraire à la liberté individuelle.

La contribution mobilière est laissée à l'arbitraire des répartiteurs de chaque commune et celle des portes et fenêtres est appliquée avec inégalité de justice; car, dans la même localité, la fenêtre qui éclaire la maison du pauvre paie une taxe égale à celle de la fenêtre qui éclaire le somptueux appartement du riche. Le portail qui donne accès à la demeure du modeste cultivateur, ne paie pas moins que la porte cochère du château voisin. La modeste porte du magasin de l'épicier paie autant que celle du grand marchand de nouveautés et plus que celles du banquier et du notaire de la même ville, et pourtant quelle différence dans les revenus !...

Et la contribution des patentes ? Eh bien, celle-là aussi, malgré toutes les précautions que l'on a prises, est inégalement répartie, et de cela en voici la preuve :

La fixation des cotes des patentes s'établit sur deux bases : l'une fixe est dite : cote principale ou *droit fixe*, et l'autre proportionnelle.

La cote fixe est la même pour toutes les professions d'une même classe *(il y a huit classes)* et pour les communes de même population.

Le droit proportionnel est calculé d'après la valeur locative des bâtiments occupés par le commerçant, tant pour son logement que pour l'exercice de la profession.

Ajoutez à cela les centimes additionnels et vous aurez la base complète de l'impôt des patentes.

Au premier aspect, on est obligé de reconnaître que la loi actuelle a cherché à rendre autant que possible les choses égales ; mais, pour si peu que l'on réfléchisse que, par ce système d'impôt, on ne saurait obtenir l'égalité désirable.

En effet, supposez deux épiciers établis dans une même ville dont la population est inférieure à dix mille âmes et exerçant dans des locaux ayant même valeur locative, ils paieront la même cote de patente.

Eh bien, l'un fera un chiffre d'affaires double de l'autre ; est-il juste d'exiger d'eux une égale cote de patente ? Evidemment, non.

Encore, là, défectuosité de la base de taxation.

Nous pourrions multiplier les griefs contre notre système d'impôts actuels, mais cela nous paraît inutile, tout le monde connaissant tous les inconvénients qui en sont la suite.

Pour remédier à cet inconvénient et rentrer dans la juste légalité, nous demandons *la suppression de la contribution foncière, personnelle et mobilière ; des portes et fenêtres et de la patente* et son remplacement par un droit sur le revenu.

A la fin de chaque année, en novembre, alors que les récoltes sont ramassées, les répartiteurs de la commune feront le recensement des produits de l'année et chacun paiera en raison de ce qu'il aura récolté.

Dans les villes, ces mêmes répartiteurs vérifieront le chiffre d'affaires des commerçants et ce chiffre servira de base à la fixation de la taxe à solder.

Les répartiteurs dresseront également un état des habitations et des mobiliers en leur fixant une valeur en revenu qui servira de base à la taxe.

Ils dresseront encore l'état des rentiers, pensionnés et autres, vivant de revenus, et ces états serviront à déterminer la taxe à imposer à chacun.

De tous ces documents on formera un état général du revenu public, et c'est le total de ce revenu qui, après le vote des budgets de l'Etat, des communes et des départements, servira à déterminer la quotité de l'impôt.

Ce système est tellement simple et juste que nous ne prévoyons pas qu'on puisse faire la moindre objection à son égard. Toutefois, nous ferons remarquer que toutes les réclamations de réduction d'impôts, de modération, de dégrèvement deviennent sans objet ; car on ne demandera la contribution qu'à celui qui aura récolté et suivant l'importance de cette récolte ; que, si elle est nulle, on ne demandera rien au contribuable ; qu'on ne demandera au commerçant, à l'industriel que d'après le chiffre d'affaires qui aura servi à la base de l'établissement de son revenu réel.

Notre système est d'autant plus équitable et rationnel qu'il atteint le revenu partout où il se présente et sous quelle forme qu'il apparaisse. Il met fin à toutes ces discussions oiseuses, stériles et en pure perte que nous avons vu se produire toutes les fois qu'il s'agit de faire face à des dépenses devenues indispensables. Le chiffre des dépenses arrêté, celui du revenu réel, certain, établi, tout consiste dans une répartition, dans une simple règle de proportion pour savoir la part qu'il faut abandonner sur ce revenu pour faire face à la dépense.

DEUXIÈME PARTIE

CHAPITRE IV

Réforme financière et économique.

I

L'agriculture est en souffrance, le commerce est dans le marasme, l'industrie est menacée, plus que menacée, elle est profondément atteinte par la concurrence étrangère.

De tout temps il a été établi que l'agriculture et l'industrie sont la source inépuisable et qu'elles seules peuvent produire l'accroissement de la fortune publique.

Mais, pour que l'agriculture et l'industrie répondent à leur double but ; pour qu'elles produisent le surplus des besoins de l'alimentation qui accroît la fortune, il faut perfectionner nos méthodes, remplacer des pratiques surannées ; parer, par l'emploi de procédés et de machines nouvelles, à l'insuffisance de l'outillage de nos ateliers et de nos instruments aratoires anciens et à l'insuffisance des bras qui font défaut à l'agriculture depuis que l'industrie, organisée suivant les données de la science moderne, en a distrait un grand nombre de la culture des champs. De ce côté, bien des progrès ont été accomplis depuis trente ans.

La science a posé les préceptes d'une agronomie qu'on enseigne dans toutes nos écoles, d'où ils vont se répandre dans les campagnes les plus reculées, grâce à l'organisation de l'instruction primaire gratuite et obligatoire dans toutes les communes de la République.

Les concours régionaux agricoles ont démontré tous les ans, que le mouvement progressiste ne s'est pas un instant ralenti. Partout, les Comices agricoles, les Sociétés d'agriculture ont fait et font les plus louables efforts pour protéger et encourager les travailleurs des champs, leur montrer et leur faire accepter les procédés rationnels, et leur faire abandonner ceux de l'antique routine. Malgré tous ces efforts combinés, malgré la docilité, le bon vouloir, l'ardent désir d'arriver à mieux faire, l'agriculture souffre encore. Il faut nécessairement chercher ailleurs les causes des souffrances que tous les échos répètent à satiété. Ces causes, nous les avons signalées au début de notre travail.

L'argent à bon marché manque à l'agriculture et tant qu'on n'aura pas créé une Société de crédit public prêtant à la propriété à un taux d'intérêt ne dépassant pas le revenu du sol, l'agriculture souffrira.

Voici encore une autre cause de dilution de la propriété et de ruine pour l'agriculture :

C'est le prêt par hypothèque conventionnelle ; en effet, un propriétaire possédant un bien qui vaut 50,000 fr. et qui est forcé d'emprunter 10,000 fr. par hypothèque au taux de 5 °/₀ d'intérêt, ainsi que cela se pratique partout, court à la ruine complète en dix ans au plus, voici pourquoi :

Son bien, après l'avoir nourri, s'il le travaille lui-même, cas le plus favorable, lui donne, durant les bonnes années, 3 °/o de revenu, soit 1,500 fr.; pendant les années médiocres, 2 °/o ; durant celles qui sont mauvaises, 1 °/o; et, enfin, durant les années calamiteuses, il ne récolte pas le nécessaire pour vivre.

On sait encore que sur dix années :

2 sont bonnes, il aura. . . .	2 × 1,500 =	3,000 fr.	de revenu.
3 — médiocres, il aura. . .	3 × 1,000 =	3,000 fr.	—
3 — mauvaises, il aura. . .	3 × 500 =	1,500 fr.	—
		7,500 fr.	—
2 — calamiteuses, absorberont	2 × 1,000 =	2,000 fr.	—
Reste net du revenu. . . .		5,500 fr.	

Les dix mille francs qu'il doit, avec les frais d'actes, de transcription et de renouvellement de titres, atteignent un intérêt de 6 0/0, soit. . . . . 600 fr. × 10 = 6,000 fr.

Il y a donc un déficit de. . . . . 500 fr. qu'il a fallu combler par d'autres emprunts.

Durant les mauvaises années, il a fallu emprunter encore pour faire face aux éventualités, et, ces emprunts subséquents, loin de diminuer les embarras, les ont augmentés, et il arrive fatalement un moment où tout crédit lui est refusé, que sa propriété est saisie et vendue par voie de justice.

Le capital de 10,000 fr. qu'il devait, s'est accru des emprunts subséquents et des intérêts en retard, ce qui l'a porté facilement à 15,000 fr., lesquels sont encore rehaussés de 3,000 fr. par les frais de saisie et de vente, les purges d'hypothèques, etc., soit 18,000 fr. On sait aussi qu'une propriété vendue par suite de saisie forcée, ne se vend jamais au-dessus du tiers de sa valeur, soit 16,000 fr.

En sorte que l'emprunteur exproprié est en arrière de 2,000 fr., et qu'il est complètement ruiné et déconsidéré. Il suffit, pour se convaincre que le cas n'est pas rare, de jeter les yeux sur les feuilles d'annonces des villes où siègent les tribunaux de 1re instance, et l'on y verra le tableau désolant des catastrophes causées à la propriété par les prêts d'argent à un taux trop élevé, et le danger qui résulte du maintien de certains offices et des privilèges hypothécaires conventionnels.

Nous n'avons pas la prétention de rejeter sur l'emprunt tous les cas d'expropriation forcée ; nous savons, hélas ! que la mauvaise administration, l'incapacité, les fausses spéculations, et, enfin, disons-le aussi, l'inconduite, ont leur large part dans les causes de cette plaie ; et il conviendrait de rechercher, ce n'est pas un remède souverain contre ces cas, du moins un palliatif, pour en atténuer autant que possible les fâcheuses conséquences.

Les capitalistes eux-mêmes ont aussi leur part de déception dans ce régime du placement de leur argent à un taux d'intérêt que nous appelons *usuraire*. Car toutes les fois qu'on exige un intérêt supérieur au revenu de la propriété, *on use*, on diminue la valeur du gage offert en garantie, et il doit arriver forcément un moment où cette garantie est insuffisante, et lorsqu'on veut reprendre ce que l'on a prêté, on trouve de moins ce qu'on a pris de trop par l'intérêt.

Nous l'avons dit et nous le répétons encore, le prêt hypothécaire est injuste pour deux raisons : la première, c'est que l'intérêt se trouve considérablement grossi par les frais d'acte, d'enregistrement, de transcription, et par le renouvellement trop fréquent des titres ou des obligations. La seconde se déduit facilement de l'exemple que nous avons cité.

Les biens vendus par suite d'expropriation forcée atteignent rarement un prix suffisant pour payer tout le monde, et les derniers prêteurs sont sacrifiés ; ils sont for-clos et ils perdent tout.

La loi commerciale, quoique fort défectueuse, est plus équitable ; la masse des produits actifs est partagée au marc-le-franc entre tous les créanciers. Ici, si le mal existe, tous les créanciers le supportent ; et les derniers comme les premiers ont droit aux épaves de l'avoir du failli, tandis que, dans le cas de l'expropriation forcée, les premiers absorbent tout et les autres sont entièrement spoliés.

II

Commerce — Industrie.

Le commerce et l'industrie ont des causes communes de génie et de malaise ; il leur manque une protection suffisante contre la concurrence étrangère à l'extérieur, et une organisation qui leur permette de soutenir la concurrence étrangère à l'intérieur.

M. Freyssinet, dans un discours qu'il prononça, en 1879, à la Chambre de commerce de Bordeaux, a posé, en ces termes, les principes de la protection due à notre industrie nationale :

« Si la science nous enseigne que la liberté absolue des
» échanges est la condition la plus favorable à l'économie
» générale de la production, la politique nous avertit de
» ménager les faits acquis et de sauvegarder l'indépen-
» dance nationale.

» Il n'est pas indifférent pour un pays de laisser périr
» une industrie qui lui ferait défaut au moment où il
» aurait à se défendre.

» Il ne lui est pas indifférent non plus de troubler
» profondément les conditions d'existence d'une partie de
» la communauté, même au prix d'un bien à venir. »

Comment peuvent périr les industries dans une nation et comment peut-on les protéger sans troubler profondément les conditions d'existence d'une partie de la communauté, sans renoncer au bien à venir qui doit résulter de cette protection ? C'est ce que nous allons essayer de démontrer.

Nous venons de le dire, la concurrence étrangère et le défaut d'organisation sont les causes du danger que courent en ce moment nos industries nationales. Quand nous disons la concurrence, nous n'exprimons pas la véritable situation actuelle ; car c'est la *guerre industrielle* qui nous est déclarée, non par toutes les nations de l'Europe, mais principalement par l'Angleterre, en ce qui concerne deux des plus importantes de nos industries : les textiles et la métallurgie.

L'Angleterre s'est fait un régime économique et industriel intérieur qui ne ressemble en rien à celui des autres nations, et qui lui crée des nécessités presque inéluctables. Sous l'empire de ces nécessités, elle a été obligée de pousser la production industrielle au delà des limites du raisonnable, à tel point qu'il lui faut à tout prix les deverser sur les autres peuples.

Or, pour soutenir cette guerre déclarée aux autres nations, elle s'est outillée, elle s'est armée d'une façon formidable, et toutes celles qui ne le seront pas à son égal, périront ; elles seront vaincues, comme dans les guerres ordinaires, si elles ne savent pas prendre des mesures et des précautions efficaces pour se garantir du danger qui les menace.

C'est donc le défaut de mesures de précautions efficaces contre le danger de la guerre industrielle qui cause la ruine des industries chez une nation.

Déjà, l'Allemagne, l'Autriche, les Etats-Unis, la Russie l'ont compris et tous se sont garantis ou se préparent à se défendre.

Les grands mots de liberté commerciale sont désormais hors d'usage ; chacun sait que, pour conserver la liberté et l'indépendance du travail national, il faut empêcher l'envahissement toujours croissant des produits étrangers, qui, sous prétexte de bon marché, inondent le monde entier, et le ruineront finalement en tuant toute initiative et en le rendant tributaire de la nation la mieux outillée et qui produit, par son organisation intérieure, le meilleur marché possible.

Quelles sont donc les mesures et les précautions qu'il convient de prendre en France pour se parer contre les coups de nos voisins dans la guerre industrielle que nous soutenons.

La première mesure, c'est l'établissement d'un système douanier qui empêche les produits étrangers de paraître sur nos marchés à des prix inférieurs aux nôtres. Mais, sur ce point, nous n'avons rien à dire ; nos gouvernants avertis par les représentants de nos grandes industries, veillent à nos intérêts généraux à ce sujet. Nous en avons la garantie dans le soin avec lequel a été étudiée, discutée et votée la nouvelle loi sur le régime douanier, et ensuite, dans l'attention que portent nos ministres des affaires étrangères en ce qui concerne nos relations commerciales avec les nations voisines.

Nous croyons utile, toutefois, de signaler un fait contre lequel il est bon de se tenir en garde.

Une nation moins favorisée qu'une autre, par les tarifs douaniers, comme l'Angleterre, par exemple, peut essayer d'introduire ses produits en France par l'intermédiaire d'un autre pays plus doucement traité qu'elle-même.

C'est là, à notre avis, pratiquer la fraude, et il conviendrait de déjouer ces manœuvres déloyales en faisant surveiller et constater la provenance des produits, et en exigeant l'acquit des droits du tarif spécial au pays de production, quel que soit le point de frontière par où ils sont introduits.

Quant à l'organisation intérieure, qui doit nous mettre en mesure de soutenir la lutte à l'étranger contre ceux qui ont la prétention de s'assurer la prépondérance industrielle, commerciale et maritime de l'univers entier, cette question devient complexe et comporte des solutions que nous ne pouvons qu'indiquer. Toutefois, il en est une, la principale, qui est le *sine qua non* de tout système que nous voulons traiter, et cette question, — la Réforme financière et économique de la France, — qui fait principalement l'objet de notre modeste travail ; et c'est au moyen de cette organisation nouvelle, dont notre nation possède les éléments, que doit s'opérer la Rénovation de son agriculture et de son industrie.

III

Réforme financière.

La première réforme à opérer, c'est celle de la condition des travailleurs.

Les salaires des ouvriers français sont supérieurs à ceux des ouvriers de tous les pays d'Europe. Les industriels français s'en plaignent, non sans raison, et les ouvriers, de leur côté, ne les trouvent pas suffisamment rémunérateurs, et ils sont loin d'avoir tort !...

D'où vient ce malaise général qui se traduit par les plaintes des deux parties.

Il vient des conditions onéreuses de la vie matérielle pour l'ouvrier.

On s'est vivement préoccupé de cet état de choses et déjà diverses questions sont à l'étude, telles que celles des logements des ouvriers, l'organisation des syndicats, l'association du travail au bénéfice du capital; et des essais heureux ont démontré l'efficacité de ces moyens. Nous avons nous-mêmes, dans le courant de notre travail, indiqué le moyen d'obtenir l'abaissement du prix des denrées alimentaires et de résoudre immédiatement la question des loyers.

D'un autre côté, la marine marchande doit être l'objet de la plus grande attention de la part de nos gouvernants; elle doit être encouragée, soutenue et même subventionnée;

car c'est elle qui doit aller dans les pays lointains approvisionner nos nouveaux marchés, soutenir la concurrence contre nos rivaux, nous rapporter les matières premières pour la confection des produits que l'industrie devra fournir selon les besoins du pays où ils doivent être consommés.

La marine marchande est le trait d'union indispensable entre les manufactures et les pays lointains qui consomment les produits.

La phase nouvelle dans laquelle nous entrons, exige, de la part de nos industries, des modifications importantes dans l'outillage des manufactures, usines, ateliers; mais ces modifications ne doivent s'opérer qu'à mesure que l'on connaîtra les besoins de nos nouveaux débouchés, et nous pouvons, sur ce point, nous reposer sur la prudence de nos chefs d'industrie, qui est pour nous un sûr garant de la sauvegarde des intérêts de la nation.

Mais, pour opérer toutes ces réformes, pour réaliser toutes ces importantes améliorations, il faut nécessairement mettre à la disposition des travailleurs les capitaux indispensables, et la France possède-t-elle des ressources en numéraire suffisantes pour faire face à tous les besoins que nous avons signalés ?... Nous répondrons affirmativement et nous allons démontrer que, par une simple transformation daus la gérance de nos finances, on peut faire de la France la plus riche, la plus puissante des nations du monde.

La France est le plus beau pays du monde ; sa situation topographique, dans la partie moyenne de la zone tempérée, son climat, sa disposition touchant à deux grandes mers, son harmonie dans ses proportions, son système orographique et hydrographique, la fertilité de son sol, enfin tout, semble dire que cette terre a été marquée par la nature pour être la patrie de la nation la plus intelligente du globe.

Malgré ces heureuses dispositions dont nous avons hérité, après une possession non interrompue de plus de quinze siècles, nous nous trouvons en ce moment, dans la période aiguë d'un malaise général qui menace de passer à l'état morbide, au point de vue de notre existence matérielle. On n'entend de tous côtés que des plaintes... — L'agriculture souffre, l'industrie périclite, le commerce est dans la plus complète atonie, nous courons à la ruine.

Tout le monde sait ce mal ; on s'en inquiète, on fait des enquêtes sur son origine, on s'agite ; mais personne ne propose le remède pour le guérir. Eh bien, à l'œuvre, ce remède le voici :

IV

Crédit National.

Procurer de l'argent à bon marché à l'agriculture, à l'industrie et au commerce, voilà le remède seul capable de cicatriser la plaie qui les ronge.

Où prendre cet argent à bon marché pour le mettre à la disposition du public agricole, industriel et commercial. Nous avons trouvé en cherchant un peu et nous avons trouvé que cet argent est celui de l'*épargne publique* de *l'argent sans emploi* qui entre dans les *caisses de l'Etat* sous le *nom de consignation*, et qui au lieu d'être une source de prospérité, ne fait qu'aggraver d'année en année la dette publique, de telle sorte qu'à des périodes mathématiquement déterminées, le gouvernement est obligé d'inscrire au grand livre des rentes pour des chiffres très importants dont le dernier correspond à un capital de 1 milliard 200 millions.

Nous proposons en conséquence qu'une loi ainsi conçue soit votée sans délai.

I. — La caisse des dépôts et Consignations est transformée en *Caisse d'Epargne et de Crédit public.*

II. — Cette caisse, outre les dépôts de fonds qui lui sont actuellement faits, pourra recevoir des dépôts volontaires auxquels il sera accordé le même intérêt de 3 pour cent qu'aux autres déposants ainsi que les avantages dont il sera ultérieurement parlé.

III. — La gérance et l'administration de la *Caisse d'Epargne et de Crédit public* s'effectueront sous l'autorité du Président de la République et du Ministre des finances.

Un gouverneur sera nommé par le Président de la République sur la présentation d'une liste de trois candidats par le Ministre des finances et d'après l'avis du conseil des ministres.

Il y aura, dans chaque département, un directeur-inspecteur et, dans chaque canton, un directeur local. Le gouverneur et les directeurs locaux seront tenus de fournir un cautionnement qui sera de : 1 million pour le gouverneur; de 100,000 fr. dans les cantons réunis d'une même ville de cinquante mille âmes et au-dessus; de 20,000 fr. dans les cantons réunis des villes inférieures à cinquante mille âmes, mais supérieures à dix milles âmes; et, enfin, de 12,000 fr. dans les autres cantons.

IV. — Il sera établi auprès du gouverneur général un conseil d'administration composé de vingt membres, savoir :

6 députés, 6 sénateurs, 6 conseillers d'Etat, du Ministre des finances, président, et d'un délégué de la Banque de France ou du Crédit Foncier.

Et un comité local auprès de chaque directeur cantonal, composé du conseiller général, président; du conseiller d'arrondissement, et de tous les maires des communes du canton.

V. — La *Caisse d'Epargne et de Crédit public* est autorisée à prêter aux propriétaires d'immeubles consacrés à la culture, à l'élevage des bestiaux, à la sylviculture, jusqu'à concurrence des deux tiers de la valeur de ces immeubles et à un taux d'intérêt ne dépassant pas trois pour cent l'an (3 %).

Aux propriétaires d'immeubles urbains, de maisons de plaisance, de châteaux et aux commerçants et industriels à un taux ne dépassant pas quatre pour cent (4 %).

Elle pourra également prêter aux conditions de 4 % aux Départements, aux Communes, aux Etablissements publics et aux Sociétés industrielles et commerciales régulièrement organisées.

Tous les frais consisteront dans le paiement d'un droit de commission une fois payé de vingt centimes pour cent (0,20 %), si le prêt est stipulé avec capital remboursable. Cette commission sera augmentée d'une annuité répondant au remboursement si l'emprunt est à long terme, avec extinction du capital par annuités.

VI. — Les prêts pourront être faits avec remboursement du capital dans un délai qui ne dépassera pas cinq ans pour la propriété et six mois pour l'industrie et le commerce ; ces délais pourront recevoir des ajournements à la condition d'acquitter un droit de commission ; et avec remboursement du capital au moyen d'une annuité jointe à l'intérêt.

Ces derniers prêts seront faits pour cinq ans au moins et pour sept ans au plus.

VII. — Les demandes d'emprunt seront faites par écrit et déposées dans les bureaux du Directeur cantonal. Elles seront accompagnées, pour les propriétaires, du bulletin des taxes qu'ils auront payées ou qu'ils auront à payer au Trésor, d'après le revenu de la propriété et de l'état des dettes passives qui la grèvent.

Pour les commerçants et industriels, du même bulletin des taxes et du dernier bilan, s'il est établi depuis moins de trois mois, ou de la balance des comptes si le dernier bilan remonte à trois mois et plus.

VIII. — Pour les demandes d'emprunt à long terme, on devra produire l'état hypothécaire de la propriété.

Les demandes d'emprunt remboursables à bref délai seront instruites dans les quarante-huit heures de leur remise et le prêt effectué dans le même délai.

Celles ayant pour objet des emprunts à long terme, seront instruites dans la huitaine, et l'emprunt sera effectué dans les deux jours qui suivront les délais d'instruction.

IX. — Les demandes d'emprunt ne seront repoussées qu'en cas d'insolvabilité reconnue de l'emprunteur ou d'insuffisance des gages offerts en garantie.

X. — Toutes les dispositions du Code civil, relatives aux biens dotaux des femmes, sont abrogées. Les femmes pourront, à l'avenir, conjointement à leurs époux ou avec leurs enfants, en cas de veuvage, aliéner, emprunter et consentir à tous actes translatifs de la propriété, comme il est dit et établi par le Code civil au chapitre de la *Communauté des biens.*

L'aliénation et l'hypothèque conventionnelle demeurent interdites en ce qui concerne les biens des absents, des mineurs et des interdits.

XI. — Dans le but d'opérer une forte économie au profit du Trésor, la perception de l'impôt direct sera faite par les Bureaux cantonaux de la *Caisse d'Epargne et de Crédit public*, à laquelle il est alloué une remise de trois pour cent (3 °/₀) sur le montant des rôles mis en recouvrement.

Cette caisse effectuera les paiements des sommes ordonnancées par les autorités compétentes.

Les Trésoreries générales, ses recettes particulières et municipales sont et demeurent supprimées.

Les Trésoreries générales sont remplacées par les directeurs-inspecteurs, créés par l'article IV de la présente loi.

XII. — Un décret du Président de la République réglementant les conditions d'admission aux emplois créés par la présente loi, à la composition des Bureaux cantonaux, des directeurs-inspecteurs aux attributions de chacun des fonctionnaires et des comités de patronage.

Il réglementera la distribution des bénéfices de la *Caisse d'Epargne et de Crédit public*, indiquera la part qui reviendra à tous ceux qui feront des dépôts forcés ou volontaires, supprimera toutes les caisses de retraite qui reçoivent les revenus des employés, qui, désormais, verseront leurs épargnes forcées à la *Caisse d'Epargne et de Crédit public*, et qui les y trouveront grossies des intérêts composés et des bénéfices de la société au prorata de ces versements.

La création d'un papier fiduciaire, qui portera intérêt,

et sera remise à son déposant volontaire qui pourra s'en servir ou le conserver pour le règlement de ses affaires courantes, et qu'il pourra échanger à toutes les *Caisses d'Epargne et Crédit de France.*

CHAPITRE V

Résultats du Projet.

Ce chapitre ne saurait être long. Quelques chiffres suffiront pour en montrer tous les avantages financiers.

L'abrogation de la loi inique de 1816 nous donnera, avec la liberté du commerce et l'égalité devant l'impôt, un revenu annuel de 1,815,000,000 au lieu de 300,000,000 que le peuple seul paye, soit . . . . . **1,515,000,000** fr.

La suppression de la contribution foncière, personnelle, mobilière des portes et fenêtres et des patentes, remplacées par une taxe proportionnelle sur le revenu, donnera une plus-value de. . . . **200,000,000** fr.

La création de la *Caisse d'Epargne et de Crédit public*, par la seule économie de dix pour cent (10 %), sur la gérance des fonds du Trésor, produira sur un budget de 6 milliards . . . . **600,000,000** fr.

Total **DEUX MILLIARDS TROIS CENT QUINZE MILLIONS**, ci . . . . **2,315,000,000** fr.

Avec lesquels on peut rembourser la dette publique en douze années ; supprimer les octrois en donnant aux communes qui en possèdent les produits qu'elles en retirent, construire des logements commodes, salubres et à bon marché pour les ouvriers, subventionner les industries atteintes par la concurrence étrangère, venir en aide à l'agriculture et accorder des secours aux sinistres et aux malheureux.

Ajoutez à cela l'immense avantage de la liberté commerciale, la prospérité qui doit en résulter immédiatement pour le travail des champs et pour le labeur national, la facilité des transactions, etc., etc., et vous n'hésiterez plus à demander la mise à exécution de notre projet.

Alors, vous tous, ouvriers des villes et des campagnes, propriétaires qui voyez de jour en jour consommer votre ruine ; vous, commerçants et industriels qui consumez en efforts stériles et votre énergie et votre avoir ; citoyens honnêtes, qui voulez fermement la *Rénovation agricole, industrielle et commerciale* de la France, et, avec elle, l'amélioration du bien-être général, tant matériel qu'intellectuel et moral, **LEVEZ-VOUS !** le moment est venu où vous devez, notre travail dans les mains, vous présenter dans les comices électoraux qui sont déjà ouverts ou qui vont s'ouvrir, et, agissant comme le firent nos ancêtres au moment d'élire les députés aux Etats Généraux qui, en 1789, nous donnèrent la liberté avec l'égalité devant l'impôt et devant la loi, dire aux candidats qui solliciteront vos suffrages : Voici ce que le Peuple Souverain réclame : *La Rénovation agricole, industrielle et commerciale.* Si vous jurez de voter les transformations que contient notre programme, vous serez nos élus ; sinon, retirez-vous, nous ferons choix parmi nous de représentants qui les voteront !

On ne manquera pas de traiter d'*utopie*, d'extravagance, de niaiserie même notre projet de *Rénovation*, et cela dans le but de vous dissuader.

Vous reconnaîtrez à ce langage les ennemis du peuple et de la République ! Ne les écoutez pas ! Ce sont des rétrogrades qui veulent vous tromper ! Dites-leur : Vous n'êtes pas nos hommes ; nous ne sommes pas les vôtres ; adressez-vous ailleurs. Et, vous, allez dans toutes les réunions ; demandez avec instance, comme vous en avez le droit, l'inscription de notre projet de réforme en tête de tout programme politique ; et, au jour des élections, marchez en colonnes serrées vers les urnes et déposez-y vos bulletins de vote au cri de **VIVE LA RÉNOVATION DE LA FRANCE !** et de **VIVE LA RÉPUBLIQUE !** et vous aurez bien mérité de la Patrie et de la postérité qui vous devront la fortune et la liberté.

APPENDICE

I

Nous n'avons pas la prétention d'avoir fait une œuvre ni parfaite ni complète ; bien loin de là. Nous savions à l'avance qu'elle serait l'objet de bien des critiques, qu'elle serait traitée d'utopie et tournée même en ridicule ; mais nous savions aussi que toute chose nouvelle, toute idée éclose et mise à jour, en France particulièrement, a peu de chance d'être acceptée dès le début. En cela, nous ne manquons pas d'exemples : celui de la découverte de la force expansive de la vapeur nous suffit et nous dispense de d'autres citations. Eh bien, malgré cela, nous n'avons pas hésité à la publier et à l'offrir à tous nos concitoyens, comme le remède qui seul peut, sinon guérir les maux qui nous accablent, du moins les alléger considérablement.

Si nous publions notre travail tout imparfait qu'il puisse être, c'est que nous sommes persuadés qu'il repose sur la vérité, sur la justice, sur la liberté, que son application peut être immédiate et que, quoi qu'en disent nos adversaires et nos détracteurs, notre œuvre répond aux légitimes aspirations de l'immense majorité des citoyens français, qu'elle contient l'indication des moyens propres à donner satisfaction à leurs justes revendications sans porter atteinte aux intérêts et aux droits d'aucune partie de la communauté nationale ; qu'elle doit, au contraire, augmenter les moyens d'existence de tous, en leur donnant une plus grande sécurité.

Nous avons choisi le moment actuel pour publier notre travail, parce que nous avons pensé qu'il était opportun, sans pour cela qu'on puisse nous taxer d'opportunisme, et qu'il comporte la solution de questions radicales, sans qu'on puisse nous attribuer des idées d'intransigeance, parce que le moment est venu où le peuple a le droit de revendiquer les améliorations auxquelles il aspire et dont il a le plus urgent besoin.

II

Abrogation de la loi d'avril 1816.

Cette loi fut faite dans les premières années de la Restauration ; elle porte l'empreinte de son époque, c'est-à-dire qu'elle est réactionnaire au premier chef, faisant peser tout ce qu'elle a d'odieux et d'injuste sur le peuple, et rétablissant un privilège en faveur des classes supérieures de la nation.

Il n'est donc pas étonnant que le peuple en ait demandé si souvent l'abrogation et qu'il la réclame aujourd'hui avec insistance par la voix même des comités électoraux dont un certain nombre, en Bourgogne et dans le Midi, demandent l'inscription dans les programmes politiques en vue des élections prochaines. Et, basant leurs réclamations sur des motifs divers, ils demandent de faire disparaître, selon toute justice, ce droit inquisitorial et vexatoire, *dès que la chose sera possible.*

Nous voilà donc en communauté d'idées sur ce point, avec les principaux intéressés, avec les électeurs des pays de grande production ; mais ces derniers voudraient bien qu'on supprimât cette injustice, mais ils n'indiquent aucun moyen de combler le vide qu'ouvrira cette suppression.

Nous, de même qu'eux, nous réclamons la suppression ; mais de plus qu'eux, nous indiquons le moyen *de l'opérer sans délai,* et d'en tirer un avantage immense au profit de la nation entière.

Les chiffres et les raisons que nous avons déjà donnés prouvent suffisamment que notre théorie est non-seulement praticable, mais qu'elle s'impose péremptoirement.

On nous a présenté quelques objections sur notre système; l'une d'elles repose sur le défaut de récolte durant les années mauvaises.

— Que deviendra le revenu durant ces années?

A cela nous répondrons que la récolte ne peut ou ne saurait jamais être nulle entièrement, et que si dans le Midi, par exemple, le vin manque, la Bourgogne en aura; que l'Algérie en fournira, et l'étranger pareillement : que si la quantité du vin diminue, elle sera compensée par d'autres boissons vineuses fabriquées ou par la bière, le cidre, etc.; et qu'en aucune façon, le revenu ne saurait manquer; il peut être réduit, mais il ne saurait jamais disparaître entièrement. D'ailleurs, ce n'est pas notre système pas plus que le système actuel qui peut nous mettre à l'abri des évènements naturels qui ont pour suitela disette.

Il y a plusieurs années, vers 1874, si nous avons bonne mémoire, une proposition fut faite à l'Assemblée nationale, tendant à la suppression des octrois; cette proposition fut accueillie favorablement et l'on nomma une commission de 20 membres pour étudier les moyens de remplacer, pour les communes qui ont des octrois, les ressources qu'elles en retirent. Cette commission a-t-elle jamais fonctionné?... Nous l'ignorons; mais ce que nous n'ignorons pas, c'est que ses travaux, si elle en a faits, sont demeurés dans l'ombre et n'ont jamais été mis à jour.

C'est encore une fantasmagorie à l'usage du peuple, qui a dû se contenter de vivre dans l'espoir d'un avenir meilleur et de payer, en attendant, les taxes et les surtaxes établies.

Notre système a cela de bon, c'est que, s'il conduit à la suppression d'un impôt, il indique, avant tout, le moyen de combler le vide et toujours avec avantage tout en soulageant le peuple, et en lui donnant une plus grande somme de liberté et de justice.

III

Partout des plaintes; l'agriculture a des déceptions; la récolte qui se montrait belle et richement rémunératrice est compromise par les phénomènes naturels. Ici, c'est la gelée; là, c'est la sécheresse; d'un autre côté, c'est la persistance des orages ou des pluies qui consomment l'anéantissement des promesses de la nature. Eh bien, c'est là le fonctionnement perpétuel des lois physiques qui régissent l'univers, et, suivant le précepte de la sagesse des nations : « Aide-toi, le Ciel t'aidera », nous devons rechercher les moyens de parer à ces misères, suites inséparables des évènements, et ne pas attribuer à la forme du gouvernement, à quelques actes de prudence des administrations locales, les causes de ces sinistres qui frappent tantôt au nord, tantôt au midi, mais qui frappent nécessairement quelque part.

N'est-il pas stupide de lire dans certains journaux de la réaction des passages tels que les suivants : « Ne parlons que de l'orage qui a éclaté sur Bayonne le samedi 1er août 1885. *(Suit le détail des dégâts dont on estime les pertes à un demi-million !...)* Mais aussi, c'est là qu'éclate la *grande logique !*... Le peuple Bayonnais, dit la *Semaine de Bayonne* elle-même, ne se gênait pas, soit à la halle, soit dans les rues dévastées, soit sur les promenades ruinées pour voir dans ce désastre *la colère divine :* ON N'A PAS PERMIS LES PROCESSIONS DE LA FÊTE-DIEU ! entendait-on de toutes parts !... VOILA LA RÉPONSE DU BON DIEU ».

Et dire que le journal bonapartiste-clérical qui écrit de pareilles stupidités les sert en pâture électorale au peuple des campagnes qui ne le lui demande pas.

Aussi, cette prose, qui est insultante même pour le bon Dieu qu'elle invoque, est-elle l'objet du mépris souverain de nos campagnards, qui ont appris à lire depuis le 2 décembre 1851.

Comment donc faire cesser ces plaintes, si ce n'est par l'organisation du Crédit public sur des bases nouvelles et par la juste répartition de l'impôt. Notre double projet d'impôt sur le revenu et de création d'une *Caisse d'Epargne et de Crédit Public*, nous paraît certainement plus efficace pour guérir le mal signalé, que les doléances du journal en question.

Au point de vue du fonctionnement, les caisses cantonales simplifieront singulièrement les démarches pour les emprunteurs, et donneront aux déposants la plus complète sécurité.

Les employés, les fonctionnaires publics, enfin tous ceux qui supportent une retenue forcée en vue d'une pension de retraite, y trouveront un avantage incontestable; car au lieu d'une mince retraite à l'expiration d'une longue série d'années de travail, ils auront un capital constitué par eux, grossi premièrement de l'intérêt capitalisé de six en six mois, et ensuite de la part des bénéfices que fera la Caisse d'Epargne et de Crédit Public. Et, certes, il vaudra mieux, pour ce vieux employé, un capital de 10,000 fr., par exemple, qu'une pension de retraite de 600 francs. Un capital qui reste aux héritiers, qu'une retraite qui disparaît avec le titulaire, quelque fois peu de jours après l'entrée en jouissance.

IV

Les résultats signalés peuvent paraître exhorbitants, à première vue ; car, en effet, en émettant un vœu pour la suppression des Trésoriers-Payeurs généraux, le Conseil général de la Seine, dans sa dernière session, n'a fait entrevoir qu'une économie de 17 millions de francs. Mais si l'on considère que sur 100 francs inscrits au rôle de la contribution et perçus par nos Receveurs et par nos Percepteurs, pour 100 francs qui sortent de la poche du contribuable, le Trésor national ne peut faire emploi que de 86 francs. Il y a un écart réel de 14 francs, qui représente le coût actuel de la gérance de nos finances.

Or, en réduisant à 4 francs pour cent ce coût, il en résulte un bénéfice indiscutable de 10 francs pour cent pour l'Etat, et sur un budget annuel qui, somme faite, entre l'Etat, les départements, les communes et les établissements publics s'élève à 6 milliards, en chiffres ronds, personne ne peut contester l'économie de 600 millions que nous avons annoncée.

La plus-value résultant de la substitution du revenu au système de répartition actuelle de l'impôt est encore moins contestable ; car personne n'ignore que bien des terres aujourd'hui en plein rapport ont été encadastrées comme terres incultes et que le revenu terrier qui leur est attribué est presque nul, tandisque le revenu réel est important. Nous pouvons affirmer que cela existe pour un cinquième du sol arable.

D'un autre côté, combien n'y a-t-il pas de citoyens qui vivent de rentes et ne paient rien ou presque rien ?... Tandis qu'en basant l'impôt sur le revenu, ce qui est justice, ils paieront leur part, en raison de leur fortune réelle.

Or, de là, nous affirmons qu'une plus-value de 200 millions est plutôt au dessous qu'au dessus de la vérité.

Nous avons suffisamment démontré déjà que celle résultant de la suppression de l'exercice des employés de la Régie est réelle.

V

— Que ferons-nous des employés des octrois, des droits réunis, des percepteurs? — A cela nous répondrons :

Il nous faut des recenseurs pour le revenu territorial, un accroissement d'employés à la douane, des directeurs-inspecteurs départementaux, des directeurs cantonaux et des employés de recette; enfin, toute une pléïade de fonctionnaires et d'employés. Eh bien, on aura le personnel tout prêt, tout choisi dans les trésoriers-payeurs généraux actuels, dans les receveurs particuliers, dans les percepteurs et dans les employés des octrois.

Comme on le voit, nous n'opérons qu'un déplacement qui tournera au bénéfice et à l'agrément des employés qui auront à le subir.

Donc, *Vive la Rénovation Agricole, Industrielle et Commerciale*, faite pour le peuple et par le peuple.

CATÉCHISME

DE LA

RÉNOVATION DE LA FRANCE

CATÉCHISME

DE LA

Rénovation Agricole, Industrielle et Commerciale

DE LA FRANCE

Par trois Citoyens français.

QUESTION. — Quelles sont les causes de la situation critique où se trouvent l'agriculture, l'industrie et le commerce en France?

RÉPONSE. — Les causes des souffrances qu'endure la France, sont :

1° Les guerres qu'elle a soutenues depuis Louis XIV, jusqu'à nos jours;

2° Les pertes qu'elle a faites en hommes et en richesses de toutes sortes et l'énormité des dépenses, suite inévitable des guerres;

3° La répartition injuste des charges et des impôts;

4° Le manque de crédit à l'agriculture, à l'industrie et au commerce;

5° Les complications dans l'administration, etc., etc.

Question. — Y a-t-il un remède à ces maux?

Réponse. — Certainement, ce remède existe, et il ne dépend que du peuple français d'en faire l'application et de profiter de ses heureux effets.

Question. — Quel est ce remède?

Réponse. — 1° Ne faire la guerre qu'avec l'assentiment de la nation et pour les cas de défense et de protection de nos possessions et de nos droits ;

Réduire la durée du service militaire à la période d'instruction ;

Organiser nos régiments actifs dans les cantons, les arrondissements, et les départements, afin de ne déplacer les hommes qu'en cas de nécessité absolue.

Question. — Y a-t-il autre chose?

Réponse. — Patience, ce n'est pas encore fini ; je continue.

2° Réduire les dépenses au strict nécessaire, jusqu'à ce que la dette publique soit entièrement payée;

3° Etablir un système d'impôts reposant uniquement sur le revenu et permettant de répartir entre tout le monde les charges proportionnellement à ce que chacun possède;

4° Supprimer, abrogerl 'inique loi d'avril 1816 sur l'exercice des droits réunis (employés de la régie) et substitution d'une taxe unique dite de consommation, qui sera payée par tout le monde, même par les étrangers qui boivent nos meilleurs vins et ne payent rien, par le système actuel.

Question. — Est-ce là tout?

Réponse. — Non ; il y a encore autre chose ; et c'est même le plus important !

5° Création d'une *Caisse d'Epargne et de Crédit public*, chargée de recevoir et de gérer l'épargne publique, de percevoir l'impôt et de gérer les finances du Trésor national ; de prêter à l'agriculture, à l'industrie et au commerce, à des taux d'intérêt qui n'absorbent pas le produit du sol et celui du labeur des travailleurs ;

6° Abroger, supprimer, dans nos lois, certaines dispositions que l'expérience des temps a reconnues injustes ou qui sont devenues surannées, c'est-à-dire hors d'usage.

Question. — Nous reconnaissons, en effet, toute l'importance des réformes que vous venez d'énumérer et la nécessité de les opérer sans délai ; mais ne pourriez-vous pas nous fournir quelques explications sur les moyens à prendre pour les opérer?

Réponse. — Il serait trop long de faire ici ce que vous désirez ; mais vous trouverez tout au long expliqué, la manière dont on doit s'y prendre, dans une brochure qui traite de la *Rénovation agricole, industrielle et commerciale de la France,* aux chapitres IV et V.

Question. — Qui donc a écrit cette brochure?

Réponse. — Ce sont trios citoyens français, amis du peuple, qui, navrés de voir le mal dont souffre là nation entière, en ont recherché les causes et étudié les moyens de le guérir.

Question. — Donnez-nous aussi un aperçu des principaux résultats qui suivront l'application de ce remède?

Réponse. — Volontiers ; les premiers obtenus seront :

1° Réduction de la durée du service actif ;

2° Réduction des cas de guerre à l'absolue nécessité ;

3° Juste répartition des charges et de l'impôt par le revenu, en atteignant ceux qui ne paient rien ou qui ne paient pas assez, avec une plus-value de 200 millions de francs ;

4° Plus-value considérable sur l'impôt de consommation, dont les deux tiers, 1 milliard et plus, seront payés par l'étranger, tandis que le vin de l'ouvrier sera dégrevé.

Question. — Quels avantages retirerons-nous de la *Caisse d'Epargne et de Crédit public*?

Réponse. — Ces avantages sont de la plus haute importance; voici d'ailleurs les plus immédiats :

1° L'agriculture aura de l'argent à 3 °/₀ pour tous ses besoins, l'industrie et le commerce, à 4 °/₀;

2° Il résultera une économie de 10 °/₀ pour l'Etat de la perception de l'impôt et de la gérance du Trésor, par la nouvelle *Caisse d'Epargne et de Crédit public*, ce qui, tout compte fait, sur un budget de près de 6 milliards, donnera 600 millions;

3° L'égalité devant l'impôt; la suppression de l'hypothèque conventionnelle, cause de la ruine de la propriété; la liberté du commerce; l'impulsion nouvelle au travail national, et enfin une grande amélioration dans les conditions de la vie matérielle;

Question. — Expliquez-nous comment on arrivera à ces heureux résultats?

Réponse. — Les économies opérées et la plus-value des revenus atteindront 2 milliards 315 millions; avec cette somme on remboursera la dette publique en 12 années; on donnera aux communes les moyens de supprimer les octrois; on facilitera la construction de bâtiments commodes, sains et salubres pour les logements à bas prix des familles ouvrières ou pauvres; on distribuera des subsides aux industries menacées par la concurrence étrangère; on accordera des secours aux sinistrés et aux pauvres malheureux.

Question. — Qui peut donc ordonner un pareil remède?

Réponse. — C'est le peuple lui-même qui est le seul, le vrai Souverain capable de formuler l'ordonnance?

Question. — Qui exécutera cette ordonnance?

Réponse. — Ce sont les futurs députés à la législature

de 1885, à qui on la remettra, à la condition qu'ils prendront l'engagement formel de l'exécuter sans délai, et selon la formule qui en est donnée par les auteurs de la *Rénovation agricole, industrielle et commerciale de la France.*

QUESTION. — Quand faut-il donc leur remettre cette ordonnance ?

RÉPONSE. — Il faut la leur communiquer dans les réunions qui vont précéder les élections législatives, et leur déclarer qu'on ne votera que pour ceux qui jureront de se mettre à l'œuvre sans aucun délai.

QUESTION. — Quels sont les candidats qui sont dans le cas de voter une telle réforme ?

RÉPONSE. — Nous avons toujours pensé et nous pensons encore qu'il n'y a que des **républicains** sincères, des **démocrates** éprouvés et amis du peuple qui soient dignes d'une telle confiance.

QUESTION. — Quelle sera notre récompense ?

RÉPONSE. — Le bien-être général auquel vous participerez ; et, ensuite, la satisfaction d'avoir bien mérité de la postérité et de la République, en leur rendant l'aisance, la fortune avec la liberté et l'égalité devant l'impôt et devant la loi, et dont vous aurez opéré la *Rénovation.*

Trois citoyens français,

C., C. et C.

Bagnères-de-Bigorre — imprimerie Léon Péré.

CATÉCHISME

DE LA

RÉNOVATION

AGRICOLE, INDUSTRIELLE et COMMERCIALE

E LA FRANCE

Par trois citoyens français.

QUESTION. — Quelles sont les causes de la situation critique où se trouvent l'agriculture, l'industrie et le commerce en France?

RÉPONSE. — Les causes des souffrances qu'endure la France, sont :

1° Les guerres qu'elle a soutenues depuis Louis XIV, jusqu'à nos jours;

2° Les pertes qu'elle a faites en hommes et en richesses de toutes sortes et l'énormité des dépenses, suite inévitable des guerres;

3° La répartition injuste des charges et des impôts;

4° Le manque de crédit à l'agriculture, à l'industrie et au commerce;

5° Les complications dans l'administration, etc., etc.

QUESTION. — Y a-t-il un remède à ces maux?

RÉPONSE. — Certainement, ce remède existe, et il ne dépend que du peuple français d'en faire l'application et de profiter de ses heureux effets.

QUESTION. — Quel est ce remède?

RÉPONSE. — 1° Ne faire la guerre qu'avec l'assentiment de la nation et pour les cas de défense et de protection de nos possessions et de nos droits;

Réduire la durée du service militaire à la période d'instruction ;

Organiser nos régiments actifs dans les cantons, les arrondissements, et les départements, afin de ne déplacer les hommes qu'en cas de nécessité absolue.

Question. — Y a-t-il autre chose ?

Réponse. — Patience : ce n'est pas encore fini ; je continue.

2° Réduire les dépenses au strict nécessaire, jusqu'à ce que la dette publique soit entièrement payée ;

3° Etablir un système d'impôts reposant uniquement sur le revenu et permettant de répartir entre tout le monde les charges proportionnellement à ce que chacun possède ;

4° Supprimer, abroger l'inique loi d'avril 1816 sur l'exercice des droits réunis (employés de la régie) et substitution d'une taxe unique dite de consommation, qui sera payée par tout le monde, même par les étrangers qui boivent nos meilleurs vins et ne payent rien, par le système actuel.

Question. — Est-ce là tout ?

Réponse. — Non ; il y a encore autre chose ; et c'est même le plus important !

5° Création d'une *Caisse d'Epargne et de Crédit public*, chargée de recevoir et de gérer l'épargne publique, de percevoir l'impôt et de gérer les finances du Trésor national ; de prêter à l'agriculture, à l'industrie et au commerce, à des taux d'intérêt qui n'absorbent pas le produit du sol et celui du labeur des travailleurs.

6° Abroger, supprimer, dans nos lois, certaines dispositions que l'expérience des temps a reconnues injustes ou qui sont devenues surannées, c'est-à-dire hors d'usage.

Question. — Nous reconnaissons, en effet, toute l'importance des réformes que vous venez d'énumérer et la nécessité de les opérer sans délai ; mais ne pourriez-vous pas nous fournir quelques explications sur les moyens à prendre pour les opérer ?

Réponse. — Il serait trop long de faire ici ce que vous désirez ; mais, vous trouverez tout au long expliqué, la manière dont on doit s'y prendre, dans une brochure qui traite de la *Rénovation agricole, industrielle et commerciale de la France*, aux chapitres IV et V.

Question. — Qui donc a écrit cette brochure ?

Réponse. — Ce sont trois citoyens Français, amis du peuple, qui, navrés de voir le mal dont souffre la nation entière, en ont recherché les causes et étudié les moyens de le guérir.

Question. — Donnez-nous aussi un aperçu des principaux résultats qui suivront l'application de ce remède ?

Réponse. — Volontiers ; les premiers obtenus, seront :

1° Réduction de la durée du service actif ;

2° Réduction des cas de guerre à l'absolue nécessité ;

3° Juste répartition des charges et de l'impôt par le revenu, en atteignant ceux qui ne paient rien ou qui ne paient pas assez, avec une plus-value de 200 millions de francs ;

4° Plus-value considérable sur l'impôt de consommation, dont les deux tiers, 1 milliard et plus, seront payés par l'étranger, tandis que le vin de l'ouvrier sera dégrevé.

Question. — Quels avantages retirerons-nous de la *Caisse d'Epargne et de Crédit public* ?

Réponse. — Ces avantages sont de la plus haute importance ; voici d'ailleurs les plus immédiats :

1° L'agriculture aura de l'argent à 3 % pour tous ses besoins, l'industrie et le commerce, à 4 % ;

2° Il résultera une économie de 10 % pour l'Etat de la perception de l'impôt et de la gérance du Trésor, par la nouvelle *Caisse d'Epargne et de Crédit public*, ce qui, tout compte fait, sur un budget de près de 6 milliards, donnera 600 millions ;

3° L'égalité devant l'impôt ; la suppression de l'hypothèque conventionnelle, cause de la ruine de la propriété ; la liberté du commerce ; l'impulsion nouvelle au travail national, et enfin une grande amélioration dans les conditions de la vie matérielle.

Question. — Expliquez-nous comment on arrivera à ces heureux résultats ?

Réponse. — Les économies opérées et la plus-value des revenus atteindront 2 milliards 315 millions ; avec cette somme on remboursera la dette publique en 12 années ; on donnera aux communes les moyens de supprimer les octrois ; on facilitera la construction de bâtiments commodes, sains et salubres pour les logements à bas prix des familles ouvrières ou pauvres ; on distribuera des subsides aux industries menacées par la concurrence étrangère ; on accorde des secours aux sinistrés et aux pauvres malheureux.

Question. — Qui peut donc ordonner un pareil remède ?

Réponse. — C'est le peuple lui-même qui est le seul, le v. Souverain capable de formuler l'ordonnance !

Question. — Qui exécutera cette ordonnance ?

Réponse. — Ce sont les futurs députés à la législature de 1885 qui on la remettra, à la condition qu'ils prendront l'engagement formel de l'exécuter sans délai, et selon la formule qui en est donn par les auteurs de la *Rénovation agricole, industrielle et commerci de la France.*

Question. — Quand faut-il donc leur remettre cette ordonnanc

Réponse. — Il faut la leur communiquer dans les réunions q vont précéder les élections législatives, et leur déclarer qu'on ne vote que pour ceux qui jureront de se mettre à l'œuvre sans aucun délai

Question. — Quels sont les candidats qui sont dans le cas voter une telle réforme ?

Réponse. — Nous avons toujours pensé et nous pensons enco qu'il n'y a que des **républicains** sincères, des **démocrat** éprouvés et amis du peuple qui soient dignes d'une telle confiance.

Question. — Quelle sera notre récompense ?

Réponse. — Le bien-être général auquel vous participerez ; e ensuite, la satisfaction d'avoir bien mérité de la postérité et de République, en leur rendant l'aisance, la fortune avec la liberté l'égalité devant l'impôt et devant la loi, et dont vous aurez opé la *Rénovation.*

Trois citoyens français,

C., C. et C.

Bagnères, imprimerie L. Péré.

Demander, chez M. CAZIEUX, négociant, place d'Uzer et rue Larrey, à BAGNÈRES-DE-BIGORRE (Hautes-Pyrénées) :

1° Le **Catéchisme de la Rénovation Agricole, Industrielle et Commerciale de la France.**

L'exemplaire................	**0** fr. **10** c.
100 exemplaires..............	**7** fr.

2° **Traité de la Rénovation Agricole, Industrielle et Commerciale de la France.**

L'exemplaire................	**1** fr. **50**
25 exemplaires..............	**30** fr.
100 —	**120** fr.

www.ingramcontent.com/pod-product-compliance
Ingram Content Group UK Ltd.
Pitfield, Milton Keynes, MK11 3LW, UK
UKHW020415230726
13925UKWH00004B/1439

9 782014 058345